CATALOGUE

HISTORIQUE ET DESCRIPTIF

DES

VUES STÉRÉOSCOPIQUES

DE

PALESTINE (TERRE-SAINTE)

DE SYRIE ET D'ÉGYPTE

PHOTOGRAPHIÉES ET ÉDITÉES

PAR J. ANDRIEU, ✳

Photographe du ministère de la Marine et des Colonies,
Auteur des voyages des Pyrénées, d'Italie, de Suisse,
d'Espagne, de la France maritime, etc.

RUE SAINT-LAZARE, 7

PARIS

———————

PARIS

IMPRIMERIE CENTRALE DES CHEMINS DE FER

A. CHAIX ET Cⁱᵉ

RUE BERGÈRE, 20, PRÈS DU BOULEVARD MONTMARTRE

1869

CATALOGUE

HISTORIQUE ET DESCRIPTIF

DES

VUES STÉRÉOSCOPIQUES

DE

PALESTINE (TERRE-SAINTE)

DE SYRIE ET D'ÉGYPTE

ATTESTATION DE MGR VALERGA

Patriarche latin, à Jérusalem.

Nous, Joseph Valerga, patriarche latin de Jérusalem, déclarons que Monsieur J. Andrieu, photographe du Ministère de la Marine et des Colonies, est venu à Jérusalem, a visité en bon pèlerin les Saints Lieux et s'est occupé ensuite pendant l'espace de quarante-cinq jours à prendre les plus intéressantes vues, tant des monuments sacrés que des autres lieux qui ont un nom dans l'histoire.

En foi de quoi nous lui avons délivré la présente attestation.

Jérusalem, le 28 décembre 1868.

Signé : ✝ J. VALERGA, Patriarche.

CATALOGUE
DES VUES STÉRÉOSCOPIQUES
Marque J. A.

PALESTINE, SYRIE ET ÉGYPTE

2724. — Porte Dorée (Extérieur).

Porte par laquelle Jésus rentra à Jérusalem le jour des Rameaux.

Jésus étant entré dans le temple de Dieu, chassa ceux qui vendaient et qui achetaient dans le temple; il renversa les tables des changeurs et les sièges de ceux qui y vendaient des colombes. (*Saint Matthieu*, XXII, 12.)

2725. — Porte Dorée (Intérieur).

(Voir le N° 2724.)

2726. — Porte de l'Église de la Prison de Saint-Pierre, à Jérusalem.

Cet emprisonnement de saint Pierre est raconté dans les *Actes des Apôtres*, ch. XII, ainsi que sa délivrance miraculeuse par le ministère d'un ange.

Les fidèles des premiers siècles élevèrent une église sur le lieu de sa prison. Les traces de ce monument sont encore visibles et attestent l'authenticité de la tradition.

Elles sont situées non loin de l'église du Saint Sépulcre, dans une rue étroite et des plus malsaines de Jérusalem.

2727. — Intérieur de l'Église de la Flagellation.

Pilate prit donc Jésus et le fit flageller. Et les soldats entrelaçant une couronne d'épines la mirent sur sa tête, et le revêtirent d'un manteau de pourpre. Et ils venaient à lui, et disaient : Salut, roi des Juifs; et ils lui donnaient des soufflets. (*Saint Jean*, XIX, 1.)

2728. — Vasques de Salomon.

Les Piscines sont de dimensions inégales : la Piscine supérieure a 403 pieds de longueur, la seconde 562, et la troisième 649, sur une largeur moyenne de 253 pieds; la profondeur varie de 25 à 50 pieds, ce qui donne pour les trois une surface d'environ 42,230 mètres carrés et une quantité de liquide pour chaque mètre de profondeur de 42,230,000 litres; les parois ne sont pas partout verticales. Il en est fait mention dans l'Écriture :

J'ai fait faire des réservoirs d'eaux pour arroser les plants des jeunes arbres. (*Ecclésiaste*, II, 6.)

2728 *bis*. — Vasques de Salomon.

(Voir le n° précédent.)

2729. — Jardin des Olives. Tombeau de la sainte Vierge. Grotte de l'Agonie.

Arrivé dans ce jardin, Jésus y laissa ses disciples et prit avec lui Pierre, Jacques et Jean, et il commença à s'attrister et à s'affliger, et il leur dit : Mon âme est triste jusqu'à la mort; demeurez ici et veillez avec moi. (*Saint Matthieu*, XXVI, 36, 37, 38.)

Grotte de l'Agonie.

Et il s'éloigna d'eux à la distance d'un jet de pierre, et s'étant mis à genoux, il priait, disant : Mon père, si vous voulez, éloignez de moi ce calice; toutefois, que ma volonté ne se fasse pas, mais la vôtre. Et il lui apparut du ciel un ange qui le fortifiait; et entrant en agonie, il priait avec plus d'instance. Et il lui vint une sueur comme des gouttes de sang qui tombaient sur la terre.

Quant au tombeau de la Vierge, on trouve dans les *Assises de Jérusalem* ce qui suit :

De la porte de Josaphat si avaloit en val de Josaphat. Si avoit une abeïe de noirs moigne. En cele abeïe avoit un moustier de madame Sainte Marie, en cel moustier estoit li sépulcres où elle fut enfouie.

2730. — Tombeau d'Absalon.

Absalon ayant été tué au delà du Jourdain fut jeté en une grande fosse dans la forêt. (I *Rois*, XVIII, 17.)

Mais de son vivant même, il s'était fait ériger un monument dans la vallée du roi; car il avait dit : « Je n'ai point de fils; ce sera pour conserver le souvenir de mon nom. » (II *Rois*, XVIII, 18.)

2731. — Tour de David.

Cette tour ou place appartenait aux Jébuséens et elle fut prise par David, roi de Juda, l'an du monde 2949 — avant J. C. 1055. Voilà ce qui est dit au ch. V, vers. 6 du II° *Livre des Rois*.

6. — Alors le roi, accompagné de tous ceux qui étaient avec lui, marcha vers Jérusalem contre les Jébuséens qui y habitaient. Les assiégés disaient à David : Vous n'entrerez point ici que vous n'en ayez chassé les aveugles et les boiteux; comme pour lui dire qu'ils suffiraient pour défendre la place et qu'il n'y entrerait jamais.

7. — Néanmoins David prit la forteresse de Sion, qui est appelée aujourd'hui la ville de David.

Au moyen âge, elle s'appelait le château des Pisans, et aujourd'hui, E'-Qala'ah; au temps d'Hérode, la tour Hippicus.

2732. — Vallée de Josaphat.

Aucun lieu sur la terre n'évoque de plus solennelles pensées : c'est la vallée des larmes, du recueillement et de la mort. *Vallée de Josaphat* signifie *Vallée du jugement de Dieu*. Cependant plusieurs interprètes pensent qu'il faut entendre à la lettre ce qui est dit de ce lieu dans le prophète Joël, ch. III :

1. — Car en ces jours-là, en ce temps où j'aurai fait revenir les captifs de Juda et de Jérusalem,

2. — J'assemblerai tous les peuples, et je les amènerai dans la *Vallée de Josaphat* ; et là j'entrerai en jugement avec eux touchant mon peuple et mon héritage....

2733. — Porte de Sion, ou Bâb-el-Nebi-Daoud.

C'est l'ancienne *Porta Thecuitis*, ainsi nommée parce qu'elle menait à Thécua.

2734. — Mont des Oliviers.

La montagne des Oliviers a trois sommets, dont le plus élevé est celui du milieu ; il est au-dessus du niveau de la Méditerranée de 2556 pieds. De là, N. S. Jésus-Christ monta au ciel quarante jours après sa résurrection, conformément à ce qui est dit au ch. I des *Actes des Apôtres*, vers. 9, 10, 11 et 12.

9. — Après qu'il leur eut dit ces paroles, ils le virent s'élever en haut, et une nuée dans laquelle il entra, le déroba à leurs yeux.

10. — Comme ils étaient attentifs à le regarder monter au ciel, deux hommes vêtus de blanc parurent auprès d'eux,

11. — Qui leur dirent : Hommes de Galilée, pourquoi vous arrêtez-vous à regarder au ciel? Ce Jésus qui, en se séparant de vous, s'est élevé dans le ciel, viendra de la même manière que vous l'y avez vu monter.

12. — Ils partirent ensuite de la montagne appelée des Oliviers, qui est éloignée de Jérusalem de l'espace du chemin qu'on peut faire le jour du Sabbat, et ils retournèrent à Jérusalem.

2735. — Mont des Oliviers.

(Voir l'art. précédent.)

2736. — Chapelle de l'Ascension.

Là, il y avait une église bâtie par sainte Hélène. (Eusèbe — *Vie de Constantin*, liv. III. ch. XLII.) On y voit encore le vestige du pied gauche de N. S. Jésus-Christ.

2737. — Tombeaux des Juges.

On croit que ces tombeaux étaient destinés aux membres du Sanhédrin.

2738. — Vue générale de la mosquée d'Omar.

Vers l'année 637, Omar s'étant emparé de Jérusalem, demanda au patriarche Sophronius où était la pierre qui avait servi d'oreiller à Jacob lorsqu'il eut sa vision de l'échelle mystérieuse. Le Khalife fut indigné de voir en cet endroit une accumulation d'immondices, et, pour qu'à l'avenir on rendît à ce lieu tout le respect qu'il méritait, il prit dans le pan de sa robe autant de ces immondices qu'il en put contenir, et alla les jeter au loin. Son exemple fut immédiatement suivi par tous les musulmans présents à cette scène, et en peu de temps, le terrain fut déblayé, nettoyé, et on put y jeter les fondations d'une des plus belles mosquées qu'ait jamais élevées l'Islam. (Sophronius était patriarche de Jérusalem à cette époque. Renseignements pris dans l'*Histoire de Syrie* par Jules David, page 177. — Syrie moderne.)

Cette mosquée fut convertie en église chrétienne pendant l'occupation de la Ville sainte par les Croisés. Un légat du pape Innocent II en fit la dédicace.

2739. — Vue générale de la mosquée d'Omar.

(Voir le n° 2738.)

2740. — Vue générale de la mosquée d'Omar.

(Voir le n° 2738.)

2741. — Vue générale de la mosquée d'Omar.

(Voir le n° 2738).

2742. — Mosquée d'Omar & Tribunal de David. .

(Voir le n° 2738.)

Lieu où les Musulmans croient que David rendait la justice. (Tradition musulmane qui n'est appuyée par aucun auteur).

2743. — Mosquée d'Omar & Tribunal de David.

(Voir le n° 2738.)

2743 *bis*. — Vue générale de la mosquée d'Omar.

(Voir le n° 2738.)

2744. — Cour de la maison de Caïphe.

Ce fut dans cette cour que saint Pierre renia son maître.

Ils (des gardes) allumèrent du feu au milieu de la cour et s'assirent auprès, et

Pierre s'assit parmi eux. Une servante l'ayant vu assis devant le feu, et l'ayant considéré dit : « Celui-ci était aussi avec lui. » Mais Pierre le nia, disant : « Femme, je ne le connais pas. » Et un peu après, un autre le voyant, dit : « Tu es aussi de ces gens-là. » Pierre répondit : « Homme, je n'en suis pas. » Et, environ une heure après, un autre assurait la même chose en disant : « Certainement cet homme était aussi avec lui, car il est Galiléen. » Et Pierre dit : « Homme, je ne sais ce que vous dites. » Et soudain comme il parlait encore, le coq chanta. Et le Seigneur lui avait dit : « Avant que le coq chante, tu me renieras trois fois. » Et étant sorti, il pleura amèrement. » (*Saint Luc*, XXII, 56, etc.)

2745. — Chaire d'Omar.

2746. — Porte d'entrée au Saint-Sépulcre.

Cette porte a échappé à l'incendie de 1808, et tous les architectes font remonter les sculptures qui la décorent jusqu'au temps de sainte Hélène, mère du grand Constantin, en 335 de l'ère chrétienne.

Chapelle des Douleurs-de-Notre-Dame.

A côté du Calvaire, mais en dehors de l'église, est la chapelle de Notre-Dame-des-Douleurs ; on y monte par un petit escalier qui est à droite de la grande porte d'entrée. C'est là que se tenait la sainte Vierge avec Jean et les saintes femmes, pendant que l'on crucifiait notre Sauveur, et c'est de là qu'elle est allée sous la croix avec le disciple bien-aimé, quand les bourreaux se furent éloignés.

2747. — Tombeau de la sainte Vierge.

(Voir le n° 2729.)

2748. — Lieu où est morte la sainte Vierge.

Il y a deux opinions sur le lieu où est morte la sainte Vierge : l'une dit que la sainte Vierge est morte à Éphèse, et l'autre, qu'elle est morte à Jérusalem ; mais la plus véridique est la seconde.

Nous voyons au V° siècle Juvénal, évêque de Jérusalem, qui n'ignorait pas ce qui s'était passé au Concile d'Éphèse, puisqu'il y assistait, répondre à l'impératrice Pulchérie et à l'empereur Marcien qui lui demandaient des reliques de la sainte Vierge, que l'on montrait son tombeau à Gethsémani, mais qu'il était vide.

Les auteurs grecs admettent la même tradition ; celui qui est le plus explicite est André, archevêque de Crète, qui vivait au VII° et au VIII° siècle. Il dit que la sainte Vierge demeurait sur le mont Sion, qu'on y montrait sa maison convertie en une église, qu'elle y mourut en présence des apôtres dans la vallée de Gethsémani, qu'elle n'éprouva point la corruption, qu'elle ressuscita et monta au ciel, et que le Tombeau de Marie est honoré par le concours des peuples.

2749. — Grotte de Jérémie.

La grotte de Jérémie a 70 pieds de longueur et environ 40 de hauteur ; on croit que c'est là que le prophète d'Anathot a composé ses lamentations.

2750. — Oliviers du jardin des Olives.

Voici comme en parle un auteur protestant, botaniste distingué, qu les a visités en 1837 :

On trouve dans ce jardin quelques oliviers de la plus haute antiquité, que les Turcs mêmes entourent d'un pieux, respect et qu'ils ne permettent pas aux autres de violer. Leur aspect, joint à la considération de la grande vétusté que cet arbre peut atteindre, autorise le sentiment qui reporte leur origine à des siècles très-reculés. Ils sont creux à l'intérieur ; afin qu'ils ne puissent être brisés par le vent, on les a remplis de pierres, et on a également entassé autour de leurs troncs des tas de pierres, pour les protéger et les consolider. »

On dit que Titus donna ordre de couper les arbres autour de Jérusalem ; cet ordre ne concernait pas les arbres de la vallée de Josaphat, mais seulement ceux qui étaient entre le Scopus jusqu'au tombeau d'Hérode, conformément à ce qui est dit au livre VI de la *Guerre des Juifs* par Flavius Josèphe.

2751. — Oliviers du jardin des Olives.

(Voir le nᵒ 2750.)

2752. — Oliviers du jardin des Olives.

Voir le nᵒ 2750.)

2752 *bis*. — Oliviers du jardin des Olives.

(Voir le nᵒ 2750)

2753. — Tombeaux des Rois.

Jusqu'ici personne n'a pu dire avec quelque certitude quels sont les rois qui ont été ensevelis dans ces tombeaux. Les Juifs les vénèrent comme les tombeaux de la famille Kelb-Ache-Bouà, un des trois riches personnages qui fournirent les vivres au temps du siége de Titus, l'an 70 de notre ère. (Cette tradition se trouve dans le Talmud, au livre du Divorce.)

2754. — Vue générale de Jérusalem.

Cette ville est bâtie sur une montagne ayant la forme d'une presqu'ile, dont les bords abrupts au nord et à l'est, au sud et même à l'ouest en partie, sont circonscrits par les vallées étroites et profondes de Josaphat, de Gihon et de Gehenne. Cette montagne a plusieurs sommets de hauteur inégale, formant entre eux des collines dont les principales sont : Sion, Acra, Moria et deux autres plus petites, dont l'une est le Calvaire et l'autre Ghion, où habitent les RR. PP. Franciscains.

2755. — Troisième station. Première chute.

Du prétoire de Pilate, on descend jusqu'à ce qu'on rencontre la rue qui conduit à la porte de Damas. En tournant à gauche, on voit deux colonnes étendues à terre : c'est là qu'eut lieu la première chute (tradition). Ce lieu a été acheté il y a quelques années par les Arméniens catholiques, lesquels désirent y bâtir une église et un couvent pour y recevoir leurs pèlerins.

2756. — Arc de l'Ecce Homo.

C'est la place d'où Pilate montra N. S. Jésus-Christ pour dernière fois (selon *saint Jean*, chap. XIX).

1. — Pilate fit donc prendre Jésus et le fit fouetter.
2. — Et les soldats ayant fait une couronne d'épines entrelacées, la lui mirent sur la tête, et ils le revêtirent d'un manteau de pourpre.
3. — Puis (s'approchant de lui) ils disaient : « Salut, ô roi des Juifs. » Et ils lui donnaient des soufflets.
4. — Pilate sortit donc encore une fois, et dit aux Juifs : « Le voici : je vous l'amène hors du prétoire, afin que vous sachiez que je ne trouve en lui aucun crime. »
5. — Jésus sortit donc, ayant une couronne d'épines et un manteau d'écarlate, et Pilate leur dit : « Voilà l'homme (*ecce homo.*) »

2757. — Cinquième station.

Lieu où l'on obligea Simon le Cyrénéen à aider Jésus à porter sa croix. (*Saint Luc*, ch. XXIII, v. 26.)

Comme ils le menaient au supplice, ils prirent un homme de Cyrène, appelé Simon, qui venait des champs, et le chargèrent de la croix, la lui faisant porter derrière Jésus. »

2758. — Tombeau de Zacharie, fils de Barachie.

(Selon ce qui est dit au chap. XXIV, vers. 20 et 21, IIe livre des *Paralipomènes*). Voici le passage :

19. — Il leur envoyait des prophètes pour les ramener au Seigneur ; mais ils ne voulaient point les écouter, quelques protestations qu'ils leur fissent.
20. — L'esprit de Dieu remplit donc le grand prêtre Zacharie, fils de Joïda (Joïda est synonyme de Barachie; Joïda veut dire, qui confesse le Seigneur, et Barachie, celui qui le bénit); il vint se présenter devant le peuple, et leur dit : « Voici ce que dit le Seigneur, votre Dieu : Pourquoi violez-vous les préceptes du Seigneur? Cela ne vous sera pas avantageux, car vous avez abandonné le Seigneur, et il vous abandonnera. »

21. — Ces gens s'unirent ensemble contre lui, et le lapidèrent dans le vestibule du Temple, selon l'ordre qu'ils en avaient reçu du roi. (Le fait eut lieu du temps de Joas, roi de Juda.)

Si les architectes disaient que ce monument est postérieur à l'époque à laquelle on le fait remonter, on pourrait leur répondre que, même au temps de Notre Seigneur, on bâtissait les tombeaux des anciens Prophètes, parce que, dans *Saint Matthieu*, au chap. XXIII, v. 29, il est dit ce qui suit :

29. — Malheur à vous, Scribes et Pharisiens hypocrites, qui bâtissez des tombeaux aux Prophètes, et ornez les monuments des Justes !

Quant à la grotte de saint Jacques d'Alphée, voici ce que dit Mgr Mislin, 2° tome, page 180, édition de 1851 :

Le tombeau de saint Jacques est une crypte taillée dans le roc, au lieu où précédemment se trouvait la caverne dans laquelle on croit que se cachèrent les Apôtres après qu'on se fût saisi de notre Sauveur dans le jardin des Oliviers. La tradition rapporte que saint Jacques-le-Mineur y demeura durant les trois jours de la Passion, sans vouloir prendre aucun aliment, jusqu'à ce que Jésus fût ressuscité ; que ce fut là que notre Sauveur lui apparut, et que ce saint apôtre y fut enseveli après avoir été précipité du Temple. Hégésippe dit que saint Jacques fut enterré auprès du Temple, et qu'on lui érigea un monument qui fut célèbre jusqu'à la destruction de Jérusalem : ce qui ne paraît pas contredire la tradition de Jérusalem, puisque le tombeau de saint Jacques est tout près du Temple, et que nous savons qu'au temps de son martyre, on n'avait pas coutume d'ensevelir les morts dans la ville.

2759. — Cénacle et tombeau de David.

C'est le lieu où N. S. Jésus-Christ fit sa dernière cène avec ses disciples.

17. — Or le premier (jour) des Azimes, les disciples s'approchant de Jésus (lui dirent) : « Où voulez-vous que nous vous préparions ce qu'il faut pour manger la Pâque ? »

18. — Jésus leur répondit : « Allez dans la ville chez un tel, et lui dites : Le maître vous envoie dire : Mon temps est proche, c'est chez vous que je ferai la Pâque avec mes disciples. » (*Saint Matthieu*, chap. XXVI.)

19. — Les disciples firent ce que Jésus leur avait commandé, et préparèrent la Pâque. Le soir étant donc venu, il se mit à table avec ses douze disciples.

26. — Pendant qu'ils soupaient, Jésus prit du pain, et l'ayant béni, il le rompit et le donna à ses disciples en disant : « Prenez et mangez, ceci est mon corps. »

27. — Et prenant le calice, il rendit grâces et il le leur donna en leur disant : « Buvez-en tous ;

28. — » Car ceci est mon sang (texte grec, le sang) de la nouvelle alliance qui va être répandu pour plusieurs pour la rémission des péchés. » (*Saint Matthieu*, XXVI.)

Tombeau de David.

Au III° livre des Rois, chap. II, v. 10 et 11, il est dit :

10. — David s'endormit donc avec ses pères, et il fut enseveli dans la ville de David.

11. — Le temps du règne de David sur Israël fut de quarante ans. Il régna sept ans à Hébron et trente-trois ans à Jérusalem.

2760. — Église de la Flagellation.

Pilate fit donc prendre Jésus, et le fit flageller. (*Saint Jean*, chap. XIX, v. 1er.)

Sur cette place, il y a aujourd'hui une église catholique desservie par les RR. PP. Franciscains. Cette église a été commencée en 1838. C'est le duc Maximilien de Bavière qui la fit construire.

2761. — Vue générale de Jérusalem.

(Voir le n° 2754.)

2762. — Lieu où saint Étienne a été lapidé.

Quand on sort de la ville pour aller dans la vallée de Josaphat, on passe par la *Porte de Saint-Étienne*, et on rencontre, un peu au delà, un rocher à fleur de terre. C'est en ce lieu que les Juifs traînèrent le saint martyr, qui leur reprochait la dureté de leur cœur, et le lapidèrent. (*Actes des Apôtres*, chap. VI.)

57. — Et l'ayant traîné hors de la ville, ils le lapidèrent, et les témoins mirent leurs vêtements aux pieds d'un homme appelé Saül.

58. — Tandis qu'ils lapidaient Étienne, il priait et disait : Seigneur Jésus, recevez mon esprit.

59. — Et s'étant mis à genoux, il cria à haute voix : Seigneur, ne leur imputez point ce péché. Après ces paroles, il s'endormit (au Seigneur). Or, Saül avait consenti à la mort d'Étienne.

2763. — Lieu où Jésus-Christ laissa Pierre, Jacques et Jean.

36. — Après cela, Jésus alla avec eux dans le lieu qui s'appelle Gethsémani; et il dit à ses disciples : Demeurez ici, pendant que j'irai là pour prier.

37. — Il prit avec lui Pierre et les deux fils de Zébédée; et il commença à s'attrister et à être pénétré d'affliction.

38. — Alors il leur dit : Mon âme est dans une tristesse mortelle, demeurez ici et veillez avec moi.

39. — Et étant allé un peu plus loin, il se prosterna le visage contre terre, priant et disant : Mon père, s'il est possible, faites que le calice s'éloigne de moi; néanmoins que ma volonté ne s'accomplisse pas, mais la vôtre. (*Saint Matthieu.* Ch. XXVI.)

2764. — Béthanie.

(*Mislin*, IIe tome, édition de 1851, page 178.)

Dans la partie la plus élevée du village, on voit les restes encore reconnaissables d'une ancienne église et d'une forte tour. La reine Mélisande fonda à Béthanie une abbaye de femmes de l'ordre des Bénédictins, et sa sœur Yvette, qui auparavant était religieuse dans l'abbaye de Sainte-Anne à Jérusalem, en devint abbesse. (*Assises de Jérusalem.*) Le couvent fut fortifié par des fossés et des tours, et la reine l'enrichit en lui donnant Jéricho et ses dépendances et une quantité d'ornements d'or et d'argent. (Mélisande, femme de Foulques d'Anjou, régente. Voyez *Syrie moderne*, page 376, 2e colonne.) Béthanie est aussi le lieu où N.-S. J.-C. ressuscita Lazare (selon *Saint Jean*, chap. XI).

1. — Il y avait un homme malade nommé Lazare, qui était du bourg de Béthanie, où demeuraient Marie et Marthe, sa sœur.

2. — Cette Marie était celle qui répandit sur le Seigneur une huile de parfum, et qui lui essuya les pieds avec ses cheveux ; et Lazare qui était alors malade, était son frère. (Suivez le même chap. jusqu'au v. 44.)

6. — Simon le lépreux habitait aussi Béthanie, comme nous l'apprend l'Évangile : « Or, comme Jésus était à Béthanie dans la maison de Simon le lépreux, une femme vint à lui, ayant un vase d'albâtre plein d'un parfum très-précieux, et elle le répandit sur sa tête, lorsqu'il était à table. » (*Saint Matthieu*, chap. XXVI, v. 6.)

2765. — Béthanie.

(Voir le n° 2764.)

2766. — Emplacement où le Christ enseigna le Pater à ses disciples et Chalet de la princesse de la Tour d'Auvergne, sur le penchant ouest du mont des Oliviers.

Il est dit au ch. XI de *saint Luc*, v. 1, 2, 3 et 4 :

1. — Un jour, comme il était en prières en un certain lieu, après qu'il eut achevé de prier, l'un de ses disciples lui dit : Seigneur, apprenez-nous à prier ainsi que Jean l'a appris à ses disciples.

2. — Et il leur dit : Lorsque vous prierez, dites : Notre père, qui êtes dans les cieux, que votre nom soit sanctifié ; que votre règne arrive ; que votre volonté soit faite sur la terre comme dans le ciel ;

3. — Donnez-nous aujourd'hui notre pain de chaque jour,

4. — Et remettez-nous nos offenses, comme nous remettons nous-mêmes à tous ceux qui nous sont redevables, et ne nous abandonnez point à la tentation, mais délivrez-nous du mal.

Le lieu où Notre-Seigneur enseigna sur le mont des Oliviers cette sublime prière à ses disciples était perdu pour les catholiques depuis que les Croisés avaient été chassés de Jérusalem. Après sept siècles, il vient de nous être rendu par Mme la princesse de la Tour d'Auvergne, en 1867. Le chalet a été monté au mois de novembre 1868.

2767. — Vallée de Josaphat.

(Voir le n° 2732, où il en est fait mention.)

2768. — Grotte du Lait, à Béthléem.

A dix minutes du couvent, vers le sud, est la Grotte du Lait. Elle porte ce nom, d'après une tradition locale, parce que la sainte Vierge, effrayée par les menaces d'Hérode, aurait perdu son lait, et qu'elle ne l'aurait recouvré qu'en se réfugiant dans cette grotte qui lui offrait un asile plus retiré encore que la grotte de la Nativité.

La roche dans laquelle se trouve la grotte est d'une craie extrêmement blanche et friable ; on la réduit facilement en poudre (*Mislin*, tome II, chap. XXIX, page 236).

2769. — Puits des Rois.

Il est situé au pied d'une colline sur la route de Jérusalem à Bethléem. On l'appelle ainsi, parce que, suivant la tradition, c'est près de ce puits que les rois Mages aperçurent de nouveau l'étoile miraculeuse. (*Saint Matthieu*, II, v. 9, 10.)

Ayant ouï ces paroles du roi (Hérode), ils partirent.
Et voici que l'étoile, qu'ils avaient vue en Orient, les précédait...
Et ayant vu l'étoile, ils furent transportés d'une grande joie.

2770. — Puits des Rois.

(Voir le n° 2769.)

2771. — Tombeau de Rachel.

(*Genèse*, chap. XXXV.)

16. — Il partit de Béthel, et ils n'étaient qu'à une petite distance d'Ephrata, lorsque Rachel accoucha.

17. — Et comme l'enfantement était pénible et dangereux, la sage-femme lui dit : Ne craignez point ; car vous aurez encore cet enfant.

18. — Mais Rachel se mourait ; et étant prête d'expirer, elle nomma son fils Benoni (c'est-à-dire, le fils de ma douleur), mais le père le nomma Benjamin (c'est-à-dire, le fils de ma droite).

19. — Rachel mourut donc, et elle fut ensevelie dans le chemin qui conduit à la ville d'Ephrata, appelée depuis Bethléem.

20. — Jacob dressa un monument de pierres sur son sépulcre ; c'est ce monument du sépulcre de Rachel que l'on voit encore aujourd'hui.

2772. — Tombeau de Rachel.

(Comme le n° précédent.)

2773. — Vue générale de Bethléem.

Bethléem veut dire *Maison du pain* ; c'est là en effet qu'est né le *pain vivant* qui est descendu des cieux.

Huit cents ans auparavant, le prophète Michée avait déjà prédit que le Messie naîtrait à Bethléem. (*Michée*, chap. V, v. 2.)

Et vous, *Bethléem*, Ephrata, vous êtes humble et petite parmi les villes de Juda ; mais c'est de vous, dit le Seigneur, que sortira le dominateur d'Israël, celui dont la génération est dès le commencement, dès l'éternité.

2773 bis. — Vue générale de Bethléem.

(Comme le n° précédent.)

2774. — Porte de l'Église de la Nativité, à Bethléem.

Tant la porte que l'église ont été construites par sainte Hélène au IVᵉ siècle de notre ère. La grotte qui se trouve au-dessous de cette église, est le lieu où naquit le Rédempteur du monde. (*Saint Luc*, ch. II.)

1.— Vers ce même temps on publia un édit de César-Auguste, pour faire un dénombrement des habitants de toute la terre.

2. — Ce fut le premier dénombrement, lequel se fit par Quirinus, gouverneur de Syrie.

3. — Et tous allaient se faire enregistrer, chacun dans sa ville.

4. — Joseph partit aussi de la ville de Nazareth qui est en Galilée; et, comme il était de la maison et de la famille de David, il alla en Judée, en la ville de David, appelée Bethléem,

5. — Pour se faire enregistrer avec Marie son épouse, qui était enceinte.

6. — Pendant qu'ils étaient en ce lieu, le temps auquel elle devait accoucher arriva :

7. — Et elle mit au monde son premier-né, l'enveloppa de langes, et le coucha dans une crèche, parce qu'il n'y avait point de place pour eux dans l'hôtellerie.

2775. — Église de la Nativité.

Voir le nᵒ 2774.

2776. — Grotte des Pasteurs.

Saint Jérôme dit, en parlant de sainte Paule, qu'après avoir visité la crèche, elle descendit à la tour d'Héder auprès de laquelle Jacob avait fait paître ses troupeaux (*Genèse*, XXXV, v. 21), où les bergers, qui veillaient pendant la nuit, avaient eu le bonheur d'entendre le *Gloria in excelsis*, et que ce lieu est environ à mille pas de Bethléem. (*Saint Jérôme, Épist.* 27, et *De locis hebr.* — *Mislin*, t. II, p. 239.) Pendant la nuit où naquit le divin enfant, des bergers gardaient leurs troupeaux, lorsque « l'ange du Seigneur parut auprès d'eux; une clarté divine les environna, et ils furent saisis d'une grande crainte. L'ange du Seigneur leur dit: Ne craignez point; car voici que je vous annonce une grande joie qui sera pour tout le peuple : c'est qu'il vous est né aujourd'hui en la cité de David un sauveur, qui est le Christ, le Seigneur. Et voici le signe auquel vous le reconnaîtrez : vous trouverez un enfant enveloppé de langes et couché dans une crèche. Et soudain une troupe céleste se joignit à l'ange, louant Dieu et disant : Gloire à Dieu au plus haut des Cieux. » *Luc*, II.)

2777. — Grotte des Pasteurs.

(Comme le nᵒ 2776.)

2778. — Fontaine des Apôtres.

Un peu au delà de Béthanie en allant vers Jéricho, au pied d'une colline fort escarpée, on trouve une fontaine qu'on appelle *Fontaine des Apôtres*. Comme les apôtres ont fait plusieurs fois le voyage de Jérusalem à Jéricho à la suite du Sauveur, ils se sont arrêtés, comme tous les voyageurs, à cette fontaine, pour se désaltérer et prendre de l'eau pour le reste du voyage; en été, on n'en trouve plus jusqu'à Jéricho. (*Mislin*, t. II, p. 292.)

2779. — Montagne de la Quarantaine.

Elle est située au N. O. de Jéricho, et doit son nom, ainsi que le désert qui l'environne, aux quarante jours que le Sauveur y passa dans le jeûne et dans la prière. Elle s'élève de douze à quinze cents pieds au-dessus de la plaine. Les rochers, à une grande hauteur, sont percés de grottes. On croit que Jésus était dans la plus élevée, quand le tentateur lui dit : « Si tu es le Fils de Dieu, commande à ces pierres de se changer en pains. » (*Saint Matthieu*, IV, 3.) Sainte Hélène convertit cette grotte en une chapelle dont on voit encore les restes.

Près de cette chapelle se trouve une citerne creusée par les anachorètes qui se retirèrent plus tard dans cette solitude.

Au sommet de la montagne on voit les ruines d'une seconde chapelle qu'on y avait bâtie, parce que, suivant la tradition, c'est là que le Seigneur fut tenté pour la troisième fois par Satan, et qu'il lui dit : « Retire-toi, Satan, car il est écrit : Tu adoreras le Seigneur ton Dieu, et tu ne serviras que lui seul. » (*Saint Matthieu*, IV, v, 10.)

2780. — Fontaine d'Élisée.

Elle est située au pied de la montagne de la Quarantaine, du côté de Jéricho.

Voici pourquoi elle porte le nom du prophète Elisée :

Pendant que le prophète demeurait à Jéricho, les habitants lui dirent : La situation de la ville est excellente, comme mon Seigneur le voit; mais les eaux y sont mauvaises, et la terre stérile. Et il leur dit : Prenez-moi un vase neuf, et mettez-y du sel. Lorsqu'ils le lui eurent apporté, il sortit vers la source, y jeta le sel, et dit : Voici ce que dit Jéhovah : J'ai purifié ces eaux, et il n'en viendra plus la mort ni la stérilité. Ces eaux devinrent donc saines, jusqu'à ce jour, selon la parole que prononça Elisée. (IV *Rois*, ch. II, XIX et suiv.)

2781. — Jéricho.

Jéricho fut la première ville du pays de Chanaan prise par Josué (*Josué*, II.)

Lorsque les Israélites étaient encore de l'autre côté du Jourdain, il (Josué) envoya des espions qui furent reçus par une femme nommée Rahab ; elle les logea chez elle et les sauva de la main du roi, qui avait envoyé pour les faire arrêter (*Ibid.*, ch. VI). « Le Seigneur avait dit à Josué qu'il lui livrerait la ville, et que les murailles tomberaient d'elles-mêmes le septième jour au bruit des trompettes. Chaque jour, les Israélites firent le tour de la ville en portant l'arche d'alliance ; le septième, lorsque les prêtres sonnaient des trompettes, le peuple jeta un grand cri ; soudain les murs tombèrent et les Israélites s'emparèrent de la ville. »

2782. — Le Jourdain.

Les Israélites qui n'avaient pas de bateaux pour faire un pont, attendirent deux jours sur le rivage. Alors Josué dit au peuple : « Sanctifiez-vous ; car Jehovah fera demain parmi vous des merveilles. » Et il dit aux prêtres : « Portez l'arche d'alliance, et passez devant le peuple. » Quand ils furent entrés dans le Jourdain, et que leurs pieds allaient être mouillés, les eaux s'arrêtèrent, et elles paraissaient de loin comme une montagne ; mais les eaux qui étaient au-dessous descendirent dans la mer Morte. L'armée marchait, chacun selon sa tribu ; les femmes et les enfants étaient au milieu. Les sacrificateurs demeurèrent au milieu du fleuve avec l'arche, jusqu'à ce que tous l'eurent passé. Alors Josué choisit un homme de chaque tribu, et il leur dit : « Passez devant l'arche de Jehovah, votre Dieu, au milieu du Jourdain, et que chacun lève une pierre sur son épaule, selon le nombre des enfants d'Israël, afin que ce soit un monument au milieu de vous. Quand vos fils vous interrogeront un jour disant : Que signifient ces pierres ? Vous leur répondrez : des eaux du Jourdain se sont retirées devant l'arche d'alliance de Jehovah ; quand elle passait le Jourdain, les eaux se sont retirées ; ces pierres en seront à jamais un monument aux enfants d'Israël. » Josué mit aussi douze autres pierres au milieu du fleuve où les prêtres qui portaient l'arche s'étaient arrêtés. (*Josué*, III et IV.)

2783. — Le Jourdain.

C'est dans ce lieu que Jésus-Christ fut baptisé par saint Jean-Baptiste. (*Saint Matthieu*, chap. III.)

13. Alors Jésus vient de Galilée au Jourdain trouver Jean, pour être baptisé par lui.

14. — Mais Jean s'en défendait, en disant : « C'est moi qui ai besoin d'être baptisé par vous, et vous venez à moi ! »

15. — Et Jésus lui répondit : « Laissez-moi faire pour cette heure ; car c'est ainsi qu'il convient que nous accomplissions toute justice. » Alors Jean le laissa faire.

16. — Or Jésus ayant été baptisé, sortit aussitôt hors de l'eau ; en même temps les cieux lui furent ouverts, et il vit l'Esprit de Dieu descendre sous la figure d'une colombe et venir se reposer sur lui.

17. — Et au même instant, on entendit du ciel une voix qui disait : « C'est ici mon fils bien-aimé, dans lequel j'ai mis toute mon affection. »

2784. — Vue générale de Saint-Jean-dans-le-Désert.

Le village de Saint-Jean est peu considérable ; il n'y a que quelques familles chrétiennes, tout le reste est musulman. On dit que les Arabes des environs sont des plus farouches ; ils ont souvent rançonné et chassé les pauvres religieux. En 1621, le père Thomas de Novare a enfin obtenu, par des sommes considérables, la concession de terrains suffisants autour du sanctuaire pour bâtir un couvent. Cependant peu de mois après, les religieux furent contraints d'abandonner en pleurant ce saint lieu, et ce ne fut qu'à la suite d'une longue interruption qu'ils purent relever l'église actuelle. (*Description de M*ˢʳ *Mislin*, t. II, p. 286.) C'est dans cette église que l'on vénère le lieu où est né Jean-Baptiste (*Saint Luc*, ch. I, 57, 58, 59).

57. — Cependant le temps des couches d'Elisabeth arriva et elle mit au monde un fils.
58. — Les voisins et ses parents, ayant appris que le Seigneur avait signalé sa miséricorde à son égard, s'en réjouissaient avec elle.
59. — Et étant venus le huitième jour pour circoncire l'enfant, ils le voulaient nommer Zacharie, du nom de son père.
60. — Mais sa mère reprit : Il n'en sera pas ainsi, mais on lui donnera le nom de Jean.

2785. — Grotte de Saint-Jean-dans-le-Désert.

Cette grotte est située sur le haut d'une colline très-escarpée, tournée au nord-ouest et qui domine la vallée de Térébinthe. Elle est d'un accès assez difficile : mais quand on est à l'intérieur, on la trouve si bien appropriée à la destination qu'elle a eue, c'est-à-dire à la vie d'ermite, qu'on la croit faite de main d'homme, et qu'on est tenté d'y demeurer. C'est une cellule naturelle, longue de dix à douze pieds, large de six : elle a deux ouvertures dont l'une sert de porte et l'autre de fenêtre ; celle-ci donne sur la vallée et a une très-belle vue. Au fond de la grotte il y a un rocher qui semble taillé tout exprès pour servir de siége ou de couche ; on l'appelle *lit de Saint-Jean*. Une source d'eau fraîche et limpide sort d'une fente de la montagne : elle forme au pied de la grotte un petit bassin, et s'épanche dans la vallée en traçant un étroit ruban de verdure.

C'est ici que le saint Précurseur a passé son enfance. L'Évangile dit en parlant de lui :

Or l'enfant croissait et se fortifiait en esprit, et il demeura dans le désert jusqu'au jour de sa manifestation à Israël. (*Saint Luc*, ch. I, 80).

2785 *bis*. — Grotte de Saint-Jean-dans-le-Désert.

(Voir le nᵒ 2785.)

2786. — Ruines de l'Église de la Visitation, à Saint-Jean-dans-le-Désert.

Elles se trouvent à une distance de vingt minutes environ du village de Saint-Jean, sur le penchant d'une colline, adossées à des rochers et entourées de quelques oliviers.

L'Église était bâtie sur l'emplacement d'une *villa* appartenant au prêtre Zacharie. Sainte Élisabeth l'habitait quand la sainte Vierge vint la visiter. La partie inférieure de la maison est encore conservée : c'est une chambre basse, au fond de laquelle est un autel où les Pères de Terre-Sainte

3

viennent dire la messe le jour de la Visitation. A côté des restes de l'Église, on voit d'autres ruines qu'on croit être celles d'un couvent de femmes. (Voyez *saint Luc*, ch. I, v. 39 et suiv.)

« En ce jour-là, Marie se levant alla en hâte vers les montagnes dans une ville de Juda. Elle entra dans la maison de Zacharie, et salua Elisabeth. Dès que Elisabeth entendit la salutation de Marie, l'enfant tressaillit dans son sein, et Elisabeth fut remplie du Saint-Esprit. Elle salua Marie par ces paroles prophétiques que toute la terre a répétées depuis : « Vous êtes bénie entre toutes les femmes, et le fruit de vos entrailles est béni. » Marie alors exalte les grandes choses que le Seigneur a faites en elle par le plus admirable cantique qui soit monté au trône de Dieu : « Mon âme glorifie le Seigneur, et mon esprit est ravi de joie en Dieu, mon Sauveur. »

2787. — Chapelle de la Visitation à Saint-Jean-dans-le-Désert.

Cette chapelle est nouvellement restaurée par les soins des RR. PP. Franciscains; on n'y dit la messe que depuis 1866. (Voir le numéro précédent.)

2788. — Tombeau d'Hérode-Agrippa.

A une centaine de pas de Jérusalem, vis-à-vis la porte de Jaffa et près du *Birket-Mamillah*. C'est sur l'autorité de Flavius Josèphe que s'appuie l'authenticité de ce monument.

On lit, en effet, au liv. VI de la *Guerre des Juifs*, ch. IV :

Titus, ayant résolu de quitter le mont Scopus pour rapprocher son camp de la ville, disposa ce qu'il crut suffisant de troupes, tant cavalerie qu'infanterie, dans le but de repousser les assiégés, s'ils tentaient quelque sortie, et donna ordre au reste de son armée de niveler le terrain jusqu'aux remparts. On abattit donc tous les murs, toutes les haies que les habitants avaient construits autour de leurs jardins et leurs vergers, toute la forêt intermédiaire d'arbres fruitiers ; on combla les creux et les ravins ; on attaqua avec le fer les éminences formées par des rochers, et on aplanit tout l'espace qui s'étend de Scopus jusqu'au tombeau d'Hérode, près de la piscine dite des Serpents. »

La piscine des *Serpents* est la *Piscine supérieure*, mentionnée dans la Prophétie d'Isaïe, VII, 3, 14, à l'extrémité du *Champ du Foulon* qui la séparait de la ville, et que les Arabes appellent aujourd'hui le *Birket-Mamillah*.

(V. *Mislin*, t. II, ch. XXIX. — *De Saulcy*, *dict. des Antiq. bibl.*, Collect. Migne, art. *Tombeau des Hérodes*, p. 409.)

2789. — Maison de Simon le Pharisien.

A l'extrémité septentrionale du quartier musulman se trouvent les ruines d'une église qui était dédiée à sainte Marie-Madeleine. Plusieurs auteurs pensent qu'elle avait été bâtie sur l'emplacement de la maison de Simon le Pharisien, où la sainte arrosa de ses larmes les pieds du Sauveur. Ce lieu est aujourd'hui désolé comme tous les autres : les restes de l'église sont encore reconnaissables.

— 19 —

(*Saint Luc*, ch. vii, 36-38) : Un pharisien ayant prié Jésus de manger chez lui, il entra dans sa maison et se mit à table. Et en même temps une femme de la ville, qui était de mauvaise vie, ayant su qu'il était à table chez ce pharisien, y apporta un vase d'albâtre plein d'huile de parfum ; et se tenant derrière lui à ses pieds, elle commença à les arroser de ses larmes et elle les essuyait avec ses cheveux, elle les baisait et y répandait ce parfum.

2790. — Champ-du-Sang.

C'est le lieu qu'on acheta avec les trente deniers au prix desquels Judas vendit son divin Maître.

Il est situé en face de Jérusalem, du côté du sud, à la jonction des trois vallées du Tyropéon, de Géhenne et de Josaphat. (*Saint Matthieu.*, chap. xxvii).

3. — Alors Judas, qui l'avait livré, voyant qu'il était condamné, se repentit de ce qu'il avait fait, et, reportant les trente pièces d'argent aux Princes des prêtres et aux Sénateurs,
4. — Il leur dit : J'ai péché en livrant le sang du Juste. Ils lui répondirent : Que nous importe ? c'est ton affaire.
5. — Alors il jeta cet argent dans le temple, et s'en alla se pendre.
6. — Mais les Princes des prêtres ayant pris l'argent, dirent : Il n'est pas permis de le mettre dans le trésor, parce que c'est le prix du sang.
7. — Et ayant délibéré là-dessus, ils achetèrent le champ d'un potier, pour la sépulture des étrangers.
8. — C'est pour cela que ce champ est appelé encore aujourd'hui *Haceldama*, c'est-à-dire, Champ-du-Sang.

2791. — Tombeaux dans le Champ-du-Sang.

Parmi ces tombeaux taillés dans les rochers, on voit celui du Grand-Prêtre Anne ou Ananus. (*Flav. Josèphe, Guerre des Juifs*, t. VI, ch. xiii.) Il y en a de toutes les époques ; quelques-uns portent des inscriptions en caractères hébraïques, grecs ou phéniciens ; quelques-uns sont en caractères cunéiformes. (*Mislin*, t. II, ch. xxx.)

2792. — Fontaine ou Piscine de Siloé, où l'aveugle-né fut guéri.

Elle est située auprès de la colline d'Ophel, vers le sud, à l'endroit où la vallée du Tyropéon vient se perdre dans celle de Géhenne. Elle est alimentée par la Fontaine de la Vierge au moyen d'un canal souterrain de 1750 pieds de longueur. C'est là que l'aveugle-né, s'étant lavé sur l'ordre de Notre-Seigneur, fut guéri de son infirmité, suivant le récit de saint Jean, ch. ix :

1. Jésus vit en passant un homme qui était aveugle de naissance.
2. — Sur quoi les disciples lui demandèrent : Maître, est-ce à cause de ses propres péchés ou de ceux qui l'ont mis au monde, que cet homme est né aveugle ?
3. — Jésus leur répondit : Ce n'est point à cause de ses péchés ni des péchés de ceux qui l'ont mis au monde ; mais c'est afin que les œuvres de la puissance de Dieu éclatent en lui.

4. — Il faut que je fasse les œuvres de celui qui m'a envoyé pendant qu'il est jour; la nuit vient dans laquelle personne ne peut agir.

5. — Tant que je suis dans le monde, je suis la lumière du monde.

6. — Après avoir ainsi parlé, il cracha à terre; et ayant fait de la boue avec sa salive, il appliqua cette boue sur les yeux de l'aveugle.

7. — Puis il lui dit : Allez vous laver dans la piscine de Siloé (dont le nom signifie *envoyé*). Il y alla donc, il s'y lava, et il en revint voyant clair.

2793. — Puits de Néhémie ou Fontaine de Rogel.

A l'extrémité sud de la vallée de Josaphat. Lors de la captivité de Babylone, les prêtres chargés du service divin prirent le feu qui était sur l'autel et le cachèrent dans une vallée, où il y avait un puits profond et desséché. Après plusieurs années, Néhémie ordonna aux petits-fils de ces prêtres de chercher ce feu sacré; ils ne le trouvèrent point, mais seulement une eau épaisse. Il leur ordonna de puiser cette eau et d'en faire des aspersions sur le bûcher et sur la matière du sacrifice. Alors le soleil resplendit, un grand feu s'alluma, et tous furent dans l'admiration. Lorsque cet événement fut connu du roi de Perse, il en fit rechercher avec soin la vérité, puis il fit bâtir au même lieu un temple et une enceinte sacrée. Néhémie appela ce lieu *Nephtahr*, c'est-à-dire *purification*; mais plusieurs l'appellent *Néphi*. (II *Macc.*, chap. ɪ.)

2793 *bis*. — Puits de Néhémie ou Fontaine de Rogel.

(Voir le nᵒ précédent.)

2794. — Vue générale du Couvent de Saint-Sabas.

Saint-Sabas (Màr-Sabas) est à deux lieues de Jérusalem et à cinq de la mer Morte au-dessus de laquelle il est élevé de 1280 pieds. Le couvent est bâti en gradins sur les rochers qui dominent le lit du Cédron. Rien ne peut donner une idée de l'aspect sauvage de ce lieu. Dès les premiers siècles, des milliers d'anachorètes avaient choisi ces rochers pour leur retraite. Saint Sabas, né en 439, y vint à son tour se mettre sous la direction de saint Euthyme, et s'étant fait remarquer entre tous par la sainteté de sa vie, il fut choisi pour succéder à son maître. Son père étant mort, sa mère vint le trouver pour servir Dieu sous sa conduite. Il employa alors la fortune qu'elle lui apportait à bâtir des hôpitaux et des monastères, dont le seul qui reste encore est celui dont nous donnons la photographie.

2795. — Tombeau de saint Sabas.

Saint Sabas mourut en 532. Son tombeau est situé entre deux églises, dans l'intérieur du couvent. Son corps a été porté dans la suite des temps à Venise et déposé dans l'église de saint Antoine, martyr.

2796. — **Maison du mauvais Riche.**

Elle est située à gauche dans la rue qui conduit de la maison de Pilate au Calvaire. (*Saint Luc*, ch. XVI.)

19. — Il y avait un homme riche qui était vêtu de pourpre et de lin et qui se traitait magnifiquement tous les jours.

20. — Il y avait aussi un pauvre, nommé Lazare, couché à sa porte, tout couvert d'ulcères,

21. — Qui eût désiré de se rassasier des miettes qui tombaient de la table du riche, mais personne ne lui en donnait, et les chiens venaient lécher ses ulcères. (Voir la suite du chapitre).

2797. — **Maison de la Véronique. — VIᵉ station.**

Vers le milieu de la rue, également à gauche. On pense que la femme pieuse, qui essuya avec un linge la face sanglante du Seigneur, habitait là. Cette face divine laissa son image sur le linge, qui est aujourd'hui gardé à Saint-Pierre de Rome sous le nom de *Volto Santo*.

2798. — **Lieu de la troisième chute du Seigneur. — IXᵉ station.**

On en montre la place derrière le Saint-Sépulcre.

2799. — **Endroit où Jésus-Christ a prédit la ruine de Jérusalem.**

A une petite distance de la grotte de Sainte-Pélagie, où le chemin de Béthanie à Jérusalem commence à descendre vers la ville, on montre le lieu où Jésus pleura sur Jérusalem le jour où il fit son entrée triomphante.

Et comme il approchait déjà de la descente de la montagne des Oliviers, toute la foule des disciples, dans sa joie, se mit à louer Dieu à haute voix pour tous les prodiges qu'ils avaient vus, disant : Béni soit le roi qui vient au nom du Seigneur. Et quand Jésus fut près de Jérusalem, à la vue de cette ville, il pleura sur elle disant : Ah ! si tu savais en ce jour ce qui peut t'apporter la paix ! Mais maintenant c'est caché à tes yeux. Car des jours viendront sur toi, et les ennemis t'environneront d'une circonvallation, et ils te renverseront par terre, toi et tes fils qui sont en toi, et ils ne te laisseront pas pierre sur pierre, parce que tu n'as pas connu le temps où tu as été visitée » (*Saint Luc*, XIX, 37 et suiv.)

2800. — **Vallées du Cédron et de Josaphat.**

(Voir le nᵒ 2732).

2801. — Piscine probatique, en hébreu Bethsaïda ; ou Bethesda, piscine de miséricorde.

A l'Est de la Tour Antonia, au milieu d'un vaste bâtiment en ruines. (*Saint Jean*, ch. II.)

2. — Or, il y avait à Jérusalem, près de la porte des Brebis, une piscine appelée en hébreu Béthesda, qui avait cinq galeries,

3. — Dans laquelle étaient couchés un grand nombre de malades, d'aveugles, de boiteux, et de ceux qui avaient les membres desséchés, qui tous, attendaient que l'eau fût remuée.

4. — Car l'ange du Seigneur en un certain temps descendait dans cette piscine et en remuait l'eau ; et celui qui y entrait le premier, après que l'eau avait été ainsi remuée, était guéri, quelque maladie qu'il eût.

2802. — Mur de Salomon où pleurent les Juifs.

A l'angle sud-ouest de la grande enceinte du temple se trouvent les restes d'une muraille que les Juifs regardent comme ayant appartenu aux constructions de Salomon. Ils vont pleurer devant ce mur tous les vendredis : c'est pourquoi on l'appelle la *Place des pleurs*.

2803. — Prétoire de Pilate ; Ire et IIe stations.

(*Saint Matthieu*, XVII.)

1. — Le matin étant venu, tous les Princes des prêtres et les Sénateurs du peuple tinrent conseil contre Jésus pour le faire mourir.

2. — Et l'ayant lié, ils l'emmenèrent et le mirent entre les mains de Ponce-Pilate qui était gouverneur.

Selon saint Jean, il est dit au chap. XIX pour ce qui regarde la condamnation et le portement de la croix :

14. — C'était le jour de la préparation de la Pâque, et il était alors environ la sixième heure. Il dit (Pilate) aux Juifs : Voilà votre Roi.

15. — Mais ils (les Juifs) se mirent à crier : Otez-le, ôtez-le du monde, crucifiez-le. Quoi ! leur dit Pilate, crucifierai-je votre roi ? Les Princes des prêtres lui répondirent : Nous n'avons d'autre roi que César.

Première station ; condamnation.

16. — Alors il le leur abandonna pour être crucifié. Ils prirent donc Jésus et l'emmenèrent.

Deuxième station ; portement de la croix.

17. — Et portant sa croix, il alla au lieu appelé le Calvaire, qui se nomme en hébreu Golgotha.

2804. — Quatrième station, où la Ste Vierge rencontra son divin fils portant sa croix.

Jésus suivi de ses accusateurs, de ses bourreaux et d'une grande foule de monde, passa sous l'arcade où il avait été montré au peuple ; la rue, longue d'environ deux cents pas est en pente, et descend jusqu'à la rencontre de celle qui vient de Damas, autrefois d'Ephraïm. Sur la gauche en descendant, on trouve le lieu où la sainte Vierge, qui s'était tenue dans les environs du Prétoire durant cette cruelle matinée, et qui voulait encore voir et accompagner son fils au lieu du supplice, se plaça sur son passage, et tomba comme demi-morte. (*Mislin*, t. II, p. 23.)

2805. — Piscine ou vasque de Mâmillah.

Voici ce qu'en écrit Mgr. Mislin, t. II, p. 160 :

Sortons encore par la porte de Jaffa. A quelques centaines de pas de la ville, nous trouvons près d'un cimetière turc une grande piscine appelé *Piscine supérieure*, l'Etang des Serpents, et par les Arabes Birket-el-Mâmillah. Elle est appelée par saint Jérôme Piscine du Foulon (*de Locis Hebr., litt. T*.) et par Josèphe *Bet-hara* . ce qui signifie piscine de la montagne, ou piscine supérieure. (*Guerre des Juifs*, l. VI, ch. IV.)

Au moyen âge, on l'appelait le *loy du Patriarche*. Voici les curieux renseignements qui ont été publiés dans les *Assises de Jérusalem* « Dehors la porte avoit
» un laï (lac) par devers soleil couchant, que on apeloit *le loy du Patriarche*, là
» où on recueilloit les iaues d'illec entour pour abrouver les chevos Près. de ce
» laï avoit un charnier (cimetière) que en apeloit *Charnier du Lyon*. Il avint ya
» si com en disoit, a un jour qui passez étoit, qu'il avoit entre Crestiens et Sar-
» rasins une bataille entre cela charnier et Jérusalem, où il avoit mout de Cres-
» tiens ocis, et que li Sarrasins de la bataille les doivent tous faire lendemain
» ordoir pour la puor. Tant qu'il avint qu'uns lyons vint par nuit, les porta
» en cele fosse; si com en disoit; pour ce l'apeloit-on le charnier du lyon.
» Et dessus ce charnier avoit un moustier où en chantoit chascun jour près d'ilè-
» ques.» On croit que cette église était celle de Saint-Babilas, d'où est venu sans
doute le nom de *Mamillah*.

2806. — Nouvelle coupole du Saint-Sépulcre.

La France et la Russie ont contribué ensemble à la construire avec l'autorisation préalable de la Porte. M. Maus pour la France et M. Epinger pour la Russie en ont été les architectes. C'est M. Salzmann qui en a dirigé l'ornementation.

2806 *bis*. — Nouvelle coupole du Saint-Sépulcre.

(Comme le n° précédent)

2807. — Fontaine de Saint-Philippe.

Sur le chemin le plus direct de Jérusalem à Gaza. Selon la plupart des auteurs modernes, c'est ici que fut conduit saint Philippe par l'Esprit du Seigneur qui lui dit: « Lève-toi, et va du côté du midi, sur le chemin qui descend de Jérusalem à Gaza. » Dans le même temps, un Ethiopien, l'un des premiers de la cour de Candace, reine d'Ethiopie, qui était venu à Jérusalem pour adorer, s'en retournait assis sur son char, et lisait le prophète Isaïe. Philippe accourant lui dit : « Croyez-vous comprendre ce que vous lisez ? » L'Ethiopien lui répondit : Comment le pourrais-je, si quelqu'un ne me l'explique ? « Et il pria Philippe de monter et de s'asseoir près de lui. Philippe lui expliqua l'Ecriture, et lui annonça Jésus. Après qu'ils eurent marché pendant quelque temps, ils vinrent vers une fontaine, et l'Ethiopien dit : Voilà de l'eau : qu'est-ce qui empêche que je ne sois baptisé ? Philippe répondit : Cela se peut, si vous croyez de tout votre cœur. Et il reprit : Je crois que Jésus-Christ est le fils de Dieu. Il ordonna qu'on arrêtât son char, et Philippe le baptisa. (*Actes des Apôtres*, ch. VIII. — *Mislin*, t. II, p. 279.)

2808. — L'arbre d'Abraham, près d'Hébron.

A l'extrémité de la vallée d'Hébron, à deux milles de la ville, s'élève un magnifique chêne vert que plusieurs voyageurs ont pris pour le chêne de *Mambré* (*Quercus Mambre*) sous lequel se reposèrent les trois anges qui apparurent à Abraham. « J'apporterai un peu d'eau, leur dit Abraham ; lavez-vous les pieds et reposez-vous sous cet arbre. » (*Gen.*, XVIII, 4) .

On lit dans Josèphe « qu'Abraham habitait alors près du chêne appelé *Ogygès*, dans le pays de Chanaan, non loin de la ville d'Hébron. » (*Antiq.*, I, 11).

Ce chêne existait encore du temps de saint Jérome, et il était en grande vénération, même chez les païens qui lui rendaient un culte comme à une divinité. (*De Loc. Hebr.*) — La foule de ceux qui y venaient était si grande, qu'on y établit un marché qui fut longtemps célèbre. Constantin, sur le rapport d'Eutropia, sa belle-mère, fit disparaître de ce lieu toutes les traces du paganisme et commanda d'y bâtir une église. Sanuto l'*ancien*, célèbre voyageur du XIVe siècle, qui visita cinq fois la Palestine, assure que le tronc du chêne de Mambré existait encore de son temps. Le chêne qu'on y voit aujourd'hui est-il le même que l'arbre antique d'Abraham ? — C'est peu probable, dit Mgr. Mislin. Saint Jérome dit de sainte Paule qu'elle en a vu les *restes*, et l'arbre actuel est dans un état de conservation parfaite, mesurant plus de 30 pieds de circonférence et se divisant, à la hauteur de huit pieds, en trois branches qui seraient elles-mêmes de grands arbres. Cependant il est situé à la distance d'Hébron indiquée par saint Jérome, et non loin sont des ruines qui rappellent l'église de Constantin. Il occupe donc certainement la place du chêne traditionnel. — (*V. Mislin*, t. III, p. 69 et 70.)

2809. — Porte d'entrée des tombeaux d'Abraham, de Sarah & des patriarches, à Hébron.

Les sépulcres d'Abraham et de sa famille, dit Aly-Bey, sont dans un temple qui était jadis une église grecque. Pour y arriver, on monte un large et bel escalier, qui conduit à une longue galerie. Le vestibule du temple a deux chambres, l'une, à droite, qui contient le sépulcre d'Abraham, et l'autre, à gauche, qui contient celui de Sarah. Dans le corps de l'église, entre deux gros piliers à droite, on aperçoit une maisonnette isolée, dans laquelle est le sépulcre d'Isaac, et dans une autre maisonnette pareille, sur la gauche, celui de sa femme. (*Mgr Mislin*, t. III, p. 60.)

2810. — Porte de Damas, à Jérusalem.

Elle s'ouvre dans le côté septentrional des murailles. On l'appelle aussi *Bâb-el-Amoud*, porte de la colonne. C'est l'ancienne *porta villæ Fullonis*, *porte d'Éphraïm* et *porte de Benjamin*. Ce fut près de la porte de Damas que Godefroy de Bouillon, s'élançant le premier du haut d'une tour mouvante sur les remparts, renversa les musulmans et pénétra dans la ville.

2811. — Porte d'entrée de l'église de la Présentation, dans la mosquée d'Omar, à Jérusalem.

Vers l'an 530, Justinien fit bâtir à Jérusalem une magnifique basilique en l'honneur de la mère de Dieu; il n'y a pas de doute que ce ne soit ici son emplacement.

Elle s'appelait l'*Église de la Présentation*, parce que c'est vers cette partie de l'ancien temple, que les parents de Marie l'offrirent au Seigneur lorsqu'elle n'avait encore que trois ans. La sainte Vierge fut élevée à l'ombre du sanctuaire avec ses jeunes compagnes jusqu'à l'âge de 15 ans, époque de ses fiançailles avec saint Joseph.

C'est là aussi qu'habita Anne la prophétesse, qui salua l'enfant Jésus, quand il fut présenté au temple.

Les Sarrazins convertirent l'église de la Présentation en mosquée, qu'on appelle aujourd'hui la mosquée *El Aksa*. (*Mgr Mislin*, t. II, p. 406.)

281.2 — Arceaux de la partie orientale sur le parvis des prêtres de la Mosquée d'Omar, à Jérusalem.

2813. — Vue générale de Jérusalem.

(Voir le n° 2754.)

2814. — Vue générale de Jérusalem.

(Voir le n° 2754.)

2815. — Mosquée d'Omar à Jérusalem.

(Voir le n° 2738.)

2816. — Mosquée d'Omar à Jérusalem.

Voir le n° 2738.

2817. — Église Sainte-Anne, à Jérusalem.

« Près de la Porte de Josaphat (de Saint-Étienne), à main senestre, avoit une abbaye de nonnains, si avoit nom Sainte-Anne. » (*Assises de Jérusalem.*)

On croit que dans ce lieu est née la sainte Vierge. (*Assises de Jérusalem.*)

Adricomius apporte beaucoup de témoignages dans sa description de Jérusalem, n° 37, pour prouver que la sainte Vierge est née dans cette ville. (V. *Mislin*, p. 146, t. II.)

Après la guerre de Crimée, le sultan Abd El-Medjid donna cette église à la France. Elle est en réparation depuis ce temps-là.

2818. — Le Puits de Jacob, près Naplouse.

Ce puits, que les Chrétiens appellent communément *Puits de la Samaritaine*, est un peu à droite du chemin en venant de Jérusalem, à 20 minutes de Naplouse. On ne peut pas l'apercevoir à une certaine distance, parce que son orifice est à fleur de terre, et qu'alentour rien ne reste debout. L'ouverture n'est pas fermée, comme le dit Quaresmius; elle est à peine assez grande pour laisser passer un homme. Maundrell dit qu'il a cent cinq pieds de profondeur et cinq de largeur. (Voir *Saint Jean*, IV, 6 et suiv.)

2819. — Ruines de la porte d'entrée d'une église bâtie par les Croisés, à Naplouse.

2820. — Construction renfermant le Tombeau de Joseph, près de Naplouse.

Le tombeau de Joseph est peu éloigné du puits de la Samaritaine. (*Saint Jean*, IV, 5 et 6.) Jacob avait donné en héritage à son fils bien-aimé, et en sus de la part qui lui revenait, un champ près de Sichem (*Genèse*, XLVIII, 22), et c'est là qu'il fut enterré. Moïse en quittant l'Égypte emporta les os de Joseph, selon que celui-ci l'avait fait promettre aux enfants d'Israël. *Exod.*, XII, 19.)

À leur arrivée dans la Terre Promise, les Israélites les ensevelirent en ce lieu, comme nous le voyons dans le livre de Josué.

On ensevelit aussi à Sichem les ossements de Joseph, que les fils d'Israël avaient emportés d'Égypte, dans une partie du champ que Jacob avait acheté des fils d'Hémor, père de Sichem, au prix de cent késites, et qui depuis appartient aux fils de Joseph. (*Josué*, xiv, 32.)

2821. — Tombeau de Joseph, près de Naplouse.

(Voir le n° 2820.)

2822. — Naplouse et le mont Garizim.

Moïse avait ordonné aux enfants d'Israël d'élever un autel au Seigneur sur le mont Ébal quand ils seraient en possession de la Terre Promise, et de renouveler en ce lieu l'alliance qu'ils avaient faite avec Dieu. Josué donc, après la prise de Haï, conduisit le peuple à Sichem pour accomplir tout ce qui avait été prescrit. Un autel de pierres non polies fut dressé sur le mont Ébal; la loi de Moïse fut gravée sur ces pierres, et Josué offrit des holocaustes. Les six tribus issues de Rachel et de Lia furent placées sur le mont Garizim pour bénir le peuple, et les six autres tribus descendant de Ruben, qui avait perdu son droit d'aînesse, de Zabulon et des deux servantes de Jacob, reçurent l'ordre de prononcer des malédictions du haut du Mont Ébal. L'Arche Sainte fut portée entre les deux montagnes par les Prêtres et les Lévites; les Juges, les Officiers et les Anciens du Peuple se tenaient debout des deux côtés de l'Arche. Josué alors, élevant la voix, prononça les bénédictions réservées à ceux qui demeuraient fidèles à l'Alliance du Seigneur; et les six tribus qui étaient sur le Garizim répondirent: Amen. Ensuite, se tournant vers le mont Ébal, il appela les malédictions contre les violateurs de la loi; et les six autres tribus répondirent tout d'une voix: Amen. (*Deut.*, xi, xxvii; *Josué*, vii.)

2823. — Naplouse et le mont Ébal.

(Voir l'art. précédent.)

Il est certain que l'autel construit par l'ordre de Josué le fut sur le mont Ébal. Ce n'est que plus tard, pour consacrer leur schisme, que les Samaritains bâtirent le temple du Garizim. Les deux montagnes ne sont éloignées l'une de l'autre que de 1200 pas. Elles ont toutes les deux la même hauteur, c'est-à-dire 2500 pieds; mais elles ne s'élèvent que de 750 pieds au-dessus de la plaine.

2824. — Vue générale de Naplouse.

Naplouse, l'antique *Sichem*, joue un rôle très-important dans l'histoire des premiers patriarches. Abraham dresse sa tente sous les chênes de

Moré, près de Sichem (*Gen.*, xii, 6) ; Jacob achète un champ dans les environs de la ville (*Gen.*, xxxiii, 20) ; Siméon et Lévi massacrent tous les hommes de Sichem, pour venger leur sœur Dinah (*Gen.*, xxxiii, 18, 20) ; Jacob envoie son fils Joseph au pays de Sichem à la recherche de ses frères (*Gen.*, xxxvii, 12, 14).

Elle acquiert plus tard une bien autre célébrité, lorsque, agrandie et fortifiée par Jéroboam, elle devient le siège du gouvernement des dix tribus séparées, et, après le retour de la captivité, la métropole des Samaritains. Elle déchut rapidement à l'époque de la guerre des Juifs contre les Romains. En vain Vespasien en fit une colonie romaine sous le nom de *Flavia Neapolis* ; de son ancienne gloire, il n'est plus qu'un souvenir dans son nom de *Naplouse*, corruption de *Neapolis*. Elle n'a pas toutefois perdu toute importance, eu égard à la désolation universelle de la Palestine.

2826. — Ruines de l'ancienne église de Saint-Jean, à Sébaste.

Le village qu'on nomme aujourd'hui *Sébustiéh* et *Sébastiya* n'est qu'un misérable amas de cabanes formées de boue et de décombres. Les débris de Samarie gisent sur le penchant des collines, et des blocs de pierre et de marbre ont roulé au fond des vallées ; on ne voit partout que des monceaux de ruines, et les murailles de la ville sont renversées jusqu'aux fondements. Cependant, sur le plateau de la montagne de *Someron*, à laquelle le village est adossé, les restes des temples et des palais dont Hérode-le-Grand avait embelli Samarie couvrent une vaste étendue de terrain. L'antique cité tient une place importante dans l'histoire biblique. Elle ne fut pas non plus sans célébrité aux premiers temps de l'ère chrétienne. Les anciens conciles mentionnent le nom de plusieurs évêques de Samarie. En 1155, les croisés rétablirent l'évêché de cette ville, et l'ancienne église de Saint-Jean, dont on voit les ruines à l'entrée du village de *Sébustiéh*, est leur ouvrage. M. de Vogüe (*Églises de Terre-Sainte*) la regarde comme la plus importante des basiliques chrétiennes de la Palestine après le Saint-Sépulcre. Elle offrait, dans l'ensemble de son plan, les caractères communs au style du xii⁰ siècle. Les musulmans ont bâti au milieu de ses ruines une petite mosquée. (V. *Mislin*, t. III, ch. xxxix.)

2827. — Tombeau d'Élisée et de saint Jean-Baptiste, à Sébaste.

Les tombeaux d'Abias, d'Élisée et de saint Jean-Baptiste ont surtout illustré Samarie. Du temps de saint Jérôme, on y vénérait certainement les sépultures de ces saints personnages, et il résulte de son témoignage que les corps d'Élisée et de Jean-Baptiste reposaient dans le même monument.

L'évangile de saint Matthieu, qui nous raconte (XIV, 12) « qu'après le meurtre du saint Précurseur à Machérus, ses disciples emportèrent son corps et l'ensevelirent, » ne nous dit pas, il est vrai, où ils l'enterrèrent; mais l'histoire témoigne qu'à l'époque des profanations commises partout sous le règne de Julien, les payens de Samarie violèrent le tombeau de saint Jean-Baptiste et dispersèrent ses ossements. Le caveau où le saint était enseveli se voit aujourd'hui sous les ruines de l'église que les chevaliers de Saint-Jean avaient élevée en ce lieu pour honorer la mémoire du protecteur de leur ordre. (V. *Mislin*, t. III, ch. XXXIX.)

2828. — Fontaine de Marie, à Nazareth.

A dix minutes de Nazareth, est la Fontaine de Marie : c'est là que la tendre Mère venait, comme toutes les femmes du village, puiser de l'eau pour les besoins d'une famille pauvre et obscure, que les anges cependant eussent été heureux de servir. (*Mgr Mislin*, t. III, p. 394.)

2829. — Vue générale de Nazareth.

Les Évangiles signalent ce village comme le lieu où se passa l'Annonciation (*Saint Luc*, I, 26, 35), et où s'écoula l'existence de Jésus, pauvre, ignoré, soumis à ses parents (*Saint Luc*, II, 39, 51, 52.— *Saint Matthieu*, II, 23).

Nazareth est bâtie irrégulièrement et en gradins sur une colline et dans un bassin élevé, tout entouré de montagnes. Le bâtiment le plus remarquable est le couvent des Franciscains, puis celui des Grecs.

2830. — Vue générale de Nazareth.

(Voir le n° précédent.)

2831. — Roche qui a servi de table à Jésus et à ses disciples, à Nazareth.

On montre dans une chapelle qui appartient aux Franciscains un bloc de pierre qu'on appelle la table du Christ, *Mensa Christi*, parce que, selon les traditions, notre Sauveur y a pris plusieurs fois ses repas avec ses disciples avant et après sa résurrection.

2832. — Chapelle de la Mensa-Christi.

(Voir le n° précédent.)

2833.—Sanctuaire de l'église de l'Annonciation, à Nazareth.

L'église actuelle de l'Annonciation a été bâtie sur l'emplacement de la basilique dont la tradition reporte l'origine à l'Impératrice Hélène. Elle a été construite en 1620 et agrandie vers le milieu du xviii° siècle. Elle est de grandeur médiocre, mais remarquable par ses proportions. Quatre grands arceaux soutiennent la voûte ; un escalier de marbre conduit au chœur placé au-dessus de la crypte, puis, faisant un retour sur la gauche, descend à la chapelle souterraine où était bâtie la maison de la sainte Vierge. Au fond est un autel élevé sur l'emplacement où s'opéra le mystère de l'Incarnation. Au-dessous, sur le marbre blanc du pavé, on lit ces mots :

Verbum caro hic factum est.

C'est ici que le verbe s'est fait chair.

Plusieurs lampes brûlent alentour.

A quelques pas de là, il y a deux colonnes en granit dont une marque le lieu où se tenait l'ange :

L'ange Gabriel fut envoyé de Dieu dans une ville de Galilée, appelée Nazareth, à une vierge qui avait épousé un homme nommé Joseph, de la maison de David, et le nom de cette vierge était Marie. Et l'ange venant vers elle, dit : « Je vous salue, pleine de grâce ; le Seigneur est avec vous..... Voici que vous concevrez dans votre sein, et vous enfanterez un fils, et vous l'appellerez du nom de Jésus... Le Saint qui naîtra de vous sera appelé le fils de Dieu. » (*Saint Luc.*, I, 25 et suivants. — *Mislin*, t. III, p. 392.)

2834. — Le Mont de la Précipitation, près de Nazareth.

La montagne que l'on désigne comme étant celle d'où les habitants de Nazareth voulurent précipiter Jésus est bordée de rochers affreux ; quelques voyageurs ont prétendu qu'elle était trop éloignée de la ville, mais l'évangéliste ne donne aucune distance. On remarque en ce lieu un autel avec quelques fragments de mosaïques, les fondements d'anciennes constructions, probablement d'une chapelle, et deux citernes.

2835. Le Mont de la Précipitation, près de Nazareth.

(Voir le n° précédent.)

2836. — Vue générale de Nazareth.

Voir le n° 2829.

2837. — Porte d'entrée de l'église de l'Annonciation, à Nazareth.

(Voir le n° 2833.

2838. — Fontaine de Cana, en **Galilée**.

C'est à Cana, en Galilée, qu'à la prière de sa mère, Jésus fit son premier miracle, et manifesta sa gloire par lui-même :

Trois jours après, il se fit des noces à Cana, en Galilée, et la mère de Jésus y était ; Jésus fut aussi convié aux noces avec ses disciples. Et le vin venant à manquer, la mère de Jésus lui dit : « Ils n'ont point de vin. » Jésus lui répondit. « Femme, qu'y a-t-il entre vous et moi? mon heure n'est pas encore venue. » Sa mère dit à ceux qui servaient : « Faites tout ce qu'il vous dira. » Or il y avait là six grandes urnes de pierre... Jésus dit : « Emplissez les urnes d'eau, etc. » *(Saint Jean*, I, 11.)

2339. — **Le Mont des Béatitudes, près Tibériade.**

Sur la montagne des Béatitudes, on rencontre d'abord un premier plateau entouré de fragments de rochers qui ressemblent à des ruines. En s'élevant, on trouve un plateau plus petit qui n'a que trois ou quatre cents pas de circonférence. Dans la partie tournée vers le Mont Thabor, dont il n'est éloigné que de quatre lieues, il y a des ruines d'un petit édifice, propablement d'une chapelle ; c'est là que Notre Seigneur a fait son admirable sermon de la montagne. *(Mislin*, t. III, p. 437.)

Une grande multitude le suivit. Or Jésus monta sur une montagne, et lorsqu'il fut assis, ses disciples s'approchèrent de lui ; et ouvrant sa bouche, il les instruisait en disant : Bienheureux les pauvres d'esprit.... Bienheureux ceux qui sont dans l'affliction, car ils seront consolés ;.... Heureux les débonnaires, car ils hériteront de la terre.... Heureux ceux qui ont faim et soif de la justice, car ils seront rassasiés.... Heureux les miséricordieux, car ils obtiendront miséricorde.... Heureux ceux qui ont le cœur pur, car ils verront Dieu. *(Saint Matthieu, v.)*

2840. — **Ville de Tibériade et mer de Gennésareth.**

La ville de Tibériade fut bâtie par Hérode-Antipas. Il choisit à cet effet un des plus fertiles territoires de la Galilée, au bord du lac de Gennésareth, et près des Eaux-Chaudes d'Emmaüs. Il la peupla de Galiléens, de Juifs et même de païens. C'est une ville très-chaude et très-malsaine. Les fièvres intermittentes y sont très-communes.

On vénère à Tibériade un sanctuaire, appelé l'église de Saint-Pierre, parce que la tradition a toujours désigné ce lieu comme étant celui où, après sa résurrection, Notre-Seigneur confia à saint Pierre la conduite de son Église. Jésus se manifesta à ses apôtres sur les bords de la mer de Tibériade.

Simon Pierre et quelques disciples étant allés pêcher, ils ne prirent rien de toute la nuit. Le matin étant venu, Jésus se trouva sur le rivage, et il leur dit : « Enfants, n'avez-vous rien à manger? » Ils lui répondirent : « Non. » Et il leur dit : « Jetez le filet du côté droit de la barque, et vous en trouverez. » Ils le jetèrent donc ; mais ils ne pouvaient plus le tirer à cause de la grande quantité. *(Saint Jean*, XXI.)

2841. — **Ville de Tibériade et mer de Gennésareth.**

(Comme le n° précédent.)

2842. — Le mont Thabor.

Le mont Thabor s'élève vers le ciel comme un autel sublime, resplendissant de gloire, fondé par l'Éternel pour la manifestation de son Fils; il a tressailli au nom de Dieu. (Ps. LXXXVIII, 13); sa forme est celle d'un dôme un peu ovale et parfaitement régulier. Il est isolé de trois côtés. La hauteur, d'après Russegger, est de 1755 pieds au-dessus de la Méditerranée. Il faut environ une heure pour parvenir à son sommet. *(Mgr Mislin, t. III, p. 403.)*

2843. — Ruines sur le sommet du mont Thabor; lieu de la Transfiguration.

C'est dans la partie Sud-Est du plateau qu'est l'endroit désigné par la tradition comme étant celui où Jésus s'est tranfiguré :

Jésus prenant avec lui Pierre, Jacques et Jean son frère, les conduisit à l'écart sur une montagne élevée, et se transfigura devant eux. Son visage resplendit comme le soleil, et ses vêtements devinrent éclatants comme la lumière. Et en même temps leur apparurent Moïse et Élie, s'entretenant avec lui. Or Pierre dit à Jésus : « Seigneur, il nous est bon d'être ici; si vous voulez, faisons-y trois tentes, une pour vous, une pour Moïse, et une pour Élie. » Il parlait encore lorsqu'une nuée lumineuse les couvrit, et voilà qu'une voix sortit de la nuée disant : « Celui-ci est mon Fils bien-aimé, en qui j'ai mis toute mon affection; écoutez-le. » *(Saint Matthieu, XVIII.)*

2844. — Couvent du mont Carmel.

Le mont Carmel court du S. E. au N. O. sur une longueur d'environ cinq lieues, et se termine dans la mer par un promontoire fort remarquable, à l'extrémité duquel est situé le célèbre couvent des Carmes, à une hauteur de 582 pieds.

La gloire du Carmel est célébrée souvent dans le langage figuré de l'Écriture sainte comme le symbole de la sainte Vierge et de l'Église. Il est toujours désigné par les prophètes comme un lieu plein de beauté, de fertilité et de délices; son nom même signifie *plantation, vigne de Dieu.* Les prophètes Élie et Élisée y ont fait leur demeure. A l'exemple de ces prophètes, des hommes pieux vinrent dès les premiers jours du christianisme chercher le repos de l'âme et la pensée de Dieu dans cette solitude. Il y a plus de deux mille grottes dans les vallées du mont Carmel. Suivant la tradition de l'ordre des Carmes, ces premiers solitaires y auraient dès lors dédié une chapelle à la sainte Vierge. S'il est difficile d'établir ce fait sur des documents authentiques, il est certain du moins qu'il y avait depuis longtemps sur le mont Carmel des ermites qui regardaient le prophète Élie comme leur modèle et rendaient à la Mère de Dieu un culte spécial, lorsqu'un d'entre eux nommé Berthold, les réunit en communauté. Jean de Phocas, qui visita les saints lieux en 1185, parle des restes d'une vaste habitation, qu'il avait vus sur le sommet du

Carmel, et d'une petite église qui les remplaçait et autour de laquelle habitaient quelques moines. En 1209, l'ancien édifice fut reconstruit et habité par une communauté plus considérable. Détruit et rebâti à différentes reprises, il avait été enfin ruiné de fond en comble, en 1821, par Abdallah, pacha de Saint-Jean-d'Acre; mais un simple moine, frère Jean-Baptiste, ayant obtenu de la Porte un firman de reconstruction, parcourut l'Europe pendant 14 ans, pour recueillir des dons pieux qui permirent d'élever l'édifice actuel, l'un des plus vastes et des plus beaux, sans contredit, de la Syrie et de la Palestine.

L'église occupe le centre du couvent; sa coupole et son clocher dominent les toits du monastère. Le maître-autel, dédié à Notre-Dame-du-Mont-Carmel, est construit au-dessus de la grotte d'Élie, où le prophète se cacha pour fuir la persécution de Jésabel. (V. *Mislin*, t. II, ch. XVIII. — *Itinéraire de Joanne*.)

2845. — Couvent du Mont-Carmel.

(Comme le n° précédent.)

2846. — Saint-Jean-d'Acre.

Cette ville, l'antique *Accho* des Phéniciens, n'est mentionnée qu'une fois incidemment dans l'ancien Testament (*Jug.* i, 31). Jamais les Israélites ne purent s'en emparer. Elle prit le nom grec de Ptolémaïs à l'époque où les Lagides possédèrent la Syrie. Elle fut visitée par Saint-Paul (*Actes*, XXI, 7). C'est à l'époque des Croisades qu'elle acquit une véritable célébrité. En 1229, Saint-Jean-d'Acre était le chef-lieu des possessions chrétiennes en Terre-Sainte et le quartier général des *Ordres militaires*. Son nom reparait dans l'histoire à la fin du XVIIIe siècle, mêlé à celui de Djezzar-Pacha, qui en avait fait la capitale de sa suzeraineté, et au nom de Bonaparte, qui, après deux mois de siége, dut se retirer devant ses murs sans avoir pu s'en rendre maître. Saint-Jean-d'Acre est encore une ville importante des côtes de Syrie. (*Itinéraire de Joanne*.)

2847. — Saint-Jean-d'Acre.

(Voir le n° précédent.)

2848. — Vue générale de Tyr.

L'histoire de Tyr est mêlée à tous les grands événements des temps anciens : tout se trouve dans ce cadre de quatre mille ans : la fable, la poésie, l'histoire sacrée et profane ; Agenor, Didon, Hiram, Nabuchodonosor, Alexandre le Grand ; Saint-Louis et Saladin ; Hérodote, Homère,

Virgile et le Tasse ; la Bible, les croisades et les conciles. Tyr est la mère de Cadix et de Carthage.

Voici comment les prophètes exaltent la grandeur et la gloire de cette ville superbe, contre laquelle tous les peuples vont s'élever comme les flots de la mer :

La ville de Tyr s'est réjouie des malheurs de Jérusalem et elle a dit : Je m'agrandirai de ses ruines. Elle a mis sa force dans son intelligence et sa sagesse ; son cœur s'est enflé de sa beauté ; en multipliant ses trésors, ses entrailles ont été remplies d'iniquité et elle a péché devant le Seigneur. Elle a fait des monceaux d'argent, comme on en fait de poussière et des monceaux d'or, comme on en fait de la boue qui est dans la rue. Le cœur de son roi s'est élevé ; il a dit : « Je suis un Dieu, je suis assis sur le trône de Dieu, au milieu des mers. » (V. *Isaïe, Ezech., Zach.*)

Après avoir raconté son orgueil et ses crimes, les prophètes ont prédit ses châtiments et sa ruine, et il est impossible de relire ces prédictions terribles, sur le rivage où s'élevait cette cité superbe, sans être frappé de stupeur et d'admiration. Rien ne manque à leur effroyable accomplissement. La ville actuelle de *Sour*, de l'ancien nom Hébreu *Tsor*, est plutôt un misérable village, tristement bâti sur une pointe de rocher qui s'avance dans la mer, à l'extrémité d'une vaste plaine de sable qui recouvre des ruines, et dont un millier de Métualis, quelques centaines de Grecs et de Maronites, forment toute la population. (*Mgr Mislin*, t. I., p. 541.)

2849. — Ruines de l'Eglise Saint-Jean, à Tyr.

(Voir le n° précédent).

2850. — Vue générale de Sidon.

Sidon, aujourd'hui Saïda, était une des villes les plus anciennes et les plus importantes de la Phénicie. Elle remontait, selon Josèphe, à Sidon, fils aîné de Chanaan. (*Antiq.*, I, 6, 7.) Dans la bénédiction de Jacob, il est dit de Zabulon, qu'il s'étendra jusqu'à Sidon. Lors de l'invasion des Juifs, on l'appelait « la grande » ; et ce fut une des sept villes qu'ils ne purent arracher aux habitants de Chanaan.

Sur la partie la plus élevée du promontoire occupé par le village moderne de Saïda, du côté du Sud, se trouvent les ruines d'une vieille tour qui domine la ville et remonte, dit-on, à saint Louis.

Au nord, se trouve l'ancien port formé par une chaîne de rochers qui s'étend dans la direction du nord parallèlement à la côte. Sur un de ces rochers, les croisés ont élevé une belle forteresse qui communique avec la ville par un pont de neuf arches. (*Itinér. de Joanne.*)

2851. — Pont et ville de Sidon.

(Voir le n° précédent).

2852. — **Pont et forteresse, à Sidon.**

(Voir le n° 2850.)

2853. — **Temple de Jupiter, à Ba'albek.**

Les deux noms de Ba'albek et Héliopolis, dont le premier est syriaque et le second grec, signifient également la *Ville du Soleil*. Le second fut imposé par les Séleucides et adopté par les Romains. L'époque de sa fondation est complétement inconnue. L'opinion qui en attribue la fondation à Salomon partage encore les savants.

Les ruines gigantesques qui ont fait la célébrité de Ba'albek ont donné lieu aux descriptions les plus poétiques, où toutes les formules de l'admiration ont été prodiguées. Elles sont contenues en majeure partie dans une enceinte entourée de hautes murailles, que l'on peut comparer, pour la disposition générale, à l'Acropole d'Athènes. Une fois dans l'enceinte, on remarque le temple de Jupiter, que l'on appelle petit temple, le temple du Soleil ou grand temple, le temple circulaire qui est environ à 300 mètres de l'Acropole, etc.

2854. — **Porte d'entrée du Temple de Jupiter, à Ba'albek.**

(Comme le n° précédent.)

2855. — **Intérieur du Temple de Jupiter, à Ba'albek.**

(Voir le n° 2853.)

2855 *bis*. — **Intérieur du Temple de Jupiter, à Ba'albek.**

(Voir le n° 2853.)

2856. — **Ruines du Temple de Jupiter, à Ba'albek**

(Voir le n° 2853.)

2857. — **Ruines du Temple de Jupiter, à Ba'albek.**

(Voir le n° 2853.)

2858. — **Colonnes du Temple du Soleil, à Ba'albek.**

(Voir le n° 2853.)

2859. — **Temple circulaire, à Ba'albek.**

(Voir le n° 2853.)

2860. — Temple de Jupiter, à Ba'albek.

(Voir le n° 2853.)

2861. — Temple du Soleil et de Jupiter, à Ba'albek.

(Voir le n° 2853.)

2862. — Vue générale de Beyrouth.

Beyrouth (l'ancienne Béryte) n'offre rien, dans l'histoire de l'antiquité phénicienne, qui mérite d'être mentionné. On sait seulement que sa fondation est due aux premiers descendants de Chanaan et qu'elle fut une colonie de Sidon. Elle acquit une certaine importance à l'époque de la conquête romaine. Agrippa y établit des légions et l'embellit de plusieurs monuments. La ville prit dès ce moment le nom de *Colonia Julia Augusta Felix Berytus,* et fut mise en possession du droit de cité romaine. Elle devint même le siége de florissantes écoles, entre autres d'une célèbre école de droit civil, qui lui valut de la part de Justinien le titre de *mère et nourrice de la loi.* Pendant les croisades, elle joua encore un rôle assez important pour avoir sa place dans l'histoire.

La ville actuelle est située sur une langue de terre triangulaire dont la base s'appuie au pied du Liban, tandis que la pointe se projette d'environ 4 à 5 kil. dans la mer. Elle est couronnée d'un charmant amphithéâtre de collines, sur lequel s'élève une riche ceinture de villas riantes et bien bâties au milieu de jardins d'une luxuriante végétation. C'est à cette couronne de verdure et de fleurs que Beyrouth doit surtout sa beauté, qui l'a fait comparer par les poëtes orientaux *à une sultane, accoudée sur un coussin vert et regardant les flots avec une rêveuse indolence.* Son port, protégé par une jetée jusqu'ici insuffisante, ne présente, par certains temps, qu'une sécurité très-imparfaite. Sa population va croissant, et c'est aujourd'hui l'une des villes du littoral qui offrent le plus d'avenir. (V. *Mislin*, t. 1, ch. VIII. — *Itinér. de Joanne.*)

BASSE ET HAUTE ÉGYPTE.

—

ILE DE PHILOÉ.

2863. — Vue générale de l'île de Philoé.
2864. — Vue générale des premières cataractes, prise de l'île de Philoé.
2865. — Arc de triomphe de Dioclétien.
2866. — Deuxième pylône du Grand Temple.
2867. — Premier pylône   Id.
2868. — Grande porte du premier pylône.
2869. — Colonnade du péristyle, dans la cour du grand Temple.
2870. — Colonnade et ancienne Mosquée.
2871. — Intérieur du Temple, vue prise du sommet du premier pylône.
2872. — Petit Temple dédié à Isis et à Sati, ou Temple hypètre.
2873. — Petit Temple dédié à Isis et à Sati, ou Temple hypètre.
2874. — Vue générale des Temples.
2875. — Vue des pylônes du Temple.
2876. — Vue de la première cataracte du Nil, grande porte.
2877. — Vue de la première cataracte du Nil, petite porte.
2878. — Vue générale des premières cataractes du Nil.
2879. — Carrières de granit à Syène; lieu d'où l'on a extrait les Obélisques de Louksor, Rome, Paris et Londres.
2880. — Vue générale du Port d'Assouân.

KOUM-OMBO

2881. — Vue générale du Temple de Koum-Ombo.
2882. —   Id.   Id.
2883. — Temple de Koum-Ombo.
2884. — Grottes sépulcrales de Gébel-Silsileh.

EDFOU

2885. — Pylône du Temple d'Edfou.
2886. — Façade du Grand Temple.
2887. — Intérieur du Grand Temple.
2888. — Colonnade, dans l'intérieur de la cour du grand Temp
2889. —   Id.   Id.
2890. —   Id.   Id.
2891. —   Id.   Id.

EDFOU

2892. — Vue générale du Grand Temple.
2893. — Vue générale du pylône et du Grand Temple.

THÈBES

2894. — Vue générale du Temple de Kournah.
2895. —   Id.   Id.
2896. — Palais de Ramesséïon.
2897. — Vue générale du Palais de Ramesséïon.
2898. —   Id.   Id.
2899. —   Id.   Id.
2900. — Caryatides de la cour du Colosse, au palais de Ramesséïon.
2901. — Débris de la statue colossale de Ramessès II, au palais de Ramesséïon.
2902. — Les célèbres statues de Memnon.
2903. —   Id.   Id.
2904. — Principale porte d'entrée au Temple de Médinet-Abou.
2905. — Pavillon royal de Ramessès III, à Médinet-Abou.
2906. — Cour et premier pylône des Temples de Médinet-Abou.
2907. — Salle d'Attente ou des Colonnes, à Médinet-Abou.
2908. — Galeries de la grande cour du Temple de Touthmès Ier, à Médinet-Abou.
2909. — Cour et porte d'entrée du troisième pylône au Temple, à Médinet-Abou.
2910. — Galeries de la grande cour du Temple de Touthmès Ier, à Médinet-Abou.
2911. — Galerie de la grande cour du Temple de Touthmès Ier, à Médinet-Abou,
2912. — Vue générale du Palais, et Temple, à Médinet-Abou.

KARNAK

2913. — Piliers d'Osiris et les deux Obélisques.
2914. — Ruines du Palais de Touthmès III.
2915. — Perspective de la Salle des Colonnes, ou Salle hypostyle.
2916. — Obélisque, et vue générale de la Salle hypostyle.
2917. —   Id.   Id.
2918. — Colonne de la première cour, ou dromos, et deuxième pylône.
2919. — Colonne de la grande Cour et porte d'entrée à la Salle des Colonnes.

KARNAK

2920. — Sanctuaire, ou Appartement de granit.
2921. — Vue Générale du Grand Temple.
2922. — Muraille du Temple d'Ammon.
2923. — Colonnade de la grande Cour.
2924. — Perspective de l'Appartement de granit.
2925. — Propylône ptoléméen, et porte d'entrée au Petit Temple.
2926. — Colonne de la grande Salle, ou Salle hypostyle
2927. — Colonne de la grande Salle, Id.
2928. — Avenue des Sphinx et propylône ptoléméen.
2929. — Intérieur du Petit Temple.
2930. — Pylône du temple d'Aménophis III, et statues de Ramessès III.
2931. — Statues de Ramessès II.
2932. — Les deux obélisques, et ruines du troisième pylône.
2933. — Obélisque et vue générale de la Salle des Colonnes.

LOUKSOR

2934. — Obélisque et propylône du Temple.
2935. — Id. Id.
2936. — Colonnade du Grand Temple.
2937. — Minaret de la Mosquée et propylône du Grand Temple.
2938. — Constructions de Fellâh sur les ruines du Temple.
2939. — Monolithes placés devant le double pylône.

DENDERAH

2940. — Pronaos, ou portique du Temple.
2940 bis. — Petit Temple.
2941. — Le Typhonium.
2942. — Porte d'entrée et Temple de Denderah.

ABYDOS

2943. — Temple d'Osiris.
2944. — Colonnade du Temple d'Osiris.
2945. — Intérieur du Temple d'Osiris.
2946. — Vue du Temple d'Osiris.
2947. — Vue générale du Memnonium.
2948. — Intérieur d'une voûte du Memnonium.

LE CAIRE

2949. — Grande pyramide, ou pyramide de Khéops, à Gizeh.
2950. — Seconde pyramide, ou pyramide de Khéfren, à Gizeh.
2951. — Troisième pyramide, ou pyramide de Mycérinus, à Gizeh.
2952. — Quatrième et cinquième pyramides de Gizeh.
2953. — Le Sphinx, etc., les seconde et troisième pyramides, à Gizeh.
2954. — Le Sphinx et la première pyramide, à Gizeh
2955. — Le Sphinx et la seconde pyramide, à Gizeh.
2956. — Tombeaux de granit, le Sphinx et la première pyramide, à Gizeh.
2957. — Mosquée d'el-Barkouk.
2958. — Tombeaux des Khalifes et des Mamelouks baharites.
2959. — Tombeaux des Khalifes et des Mamelouks baharites.
2960. — Mosquée d'el-Barkouk.
2961. — Tombeaux des Khalifes et des Mamelouks baharites.
2962. — Tombeaux des Khalifes.
2963. — Fontaine et intérieur de la cour de la Mosquée à la citadelle.
2964. — Obélisque d'Héliopolis (ou Matarieh), près du Caire.
2965. — L'arbre de la Ste-vierge, à Héliopolis,   Id.
2966. — Galeries du palais de Choubra,   Id.
2967. —   Id.   Id.
2968. — Mosquée de Mohammed-Ali, à la citadelle.
2969. — Tombeaux des Mamelouks.
2970. — Pyramide de Sakkarah.

ALEXANDRIE

2971. — Aiguille de Cléopâtre.
2972. — Colonne Pompée.

IMP. CENTRALE DES CHEMINS DE FER. —A. CHAIX ET Cⁱᵉ, RUE BERGÈRE, 20. A PARIS.—9290-9